Alphonse de Calonne

L'Exposition de 1900 à Paris

Critique

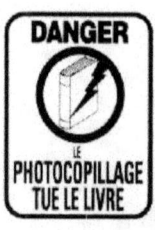
ISBN : 978-1724671851

10 9 8 7 6 5 4 3 2 1

Alphonse de Calonne

L'Exposition de 1900 à Paris

Critique

Table de Matières

Tous les grands peuples ont eu leurs fêtes périodiques ; nous avons les nôtres que nous désignons sous le nom d' « Expositions de l'industrie. » Leur point de départ a été en effet l'industrie, mais peu à peu l'institution, pareille à un fleuve, a recueilli sur la route un si grand nombre d'affluents qu'on pourrait plus justement les appeler des « Foires universelles. » L'industrie n'a plus été que le prétexte, et l'amusement est devenu le but véritable. Les grandes capitales, les villes secondaires elles-mêmes, se sont mises tour à tour à danser, durant six mois, une grande sarabande autour d'un foyer où se concentrait le produit des efforts intellectuels et matériels d'une décade. L'exposition annoncée pour l'année 1900 ne différera pas en ce point des deux précédentes ; elle y ajoutera cependant un élément particulier : le dessein est d'en faire une sorte de miroir du siècle qui va finir. L'intention est bonne, et a quelque chose de grandiose. Tout dépendra de la manière dont elle sera comprise et mise en œuvre.

Un décret du 13 juillet 1892 fit savoir au monde industriel, commerçant, artiste et curieux qu'une « Exposition internationale et universelle » serait instituée à Paris en 1900. Une commission supérieure et un commissaire général furent nommés pour en jeter les bases et assurer l'exécution de l'entreprise. Le 27 juillet 1894, un crédit fut voté par le Parlement pour faire face aux dépenses nécessitées par les études préparatoires. Enfin un arrêté ministériel, du 9 août 1894, ouvrit un concours, à partir du 13 août, « entre tous les Français, sur les dispositions générales des bâtiments, jardins et agencements divers de l'Exposition. » Les concurrents avaient quatre mois pour préparer leurs plans et devis. En même temps, on leur imposait un programme très détaillé et un tracé rigoureux des terrains sur lesquels ils devaient exercer leur sagacité et leur imagination.

Section I

Dès que fut officiellement annoncée cette grande fête internationale, les esprits s'étaient mis en campagne et s'étaient ingéniés à chercher le site où il conviendrait de la célébrer. Les uns la voulaient mettre dans l'enceinte militaire de Paris, les autres la rejetaient plus volontiers hors des murs, à Auteuil, au Bois de Boulogne, au sommet de Courbevoie, dans le parc désolé de Saint-Cloud, même à Versailles, où les grands espaces ne manquent pas, où les palais déserts et les avenues abandonnées semblent attendre toute la fleur des populations du globe pour renaître à la vie et à la gloire.

Malgré les réels avantages du site et de l'économie, ces projets un peu en l'air n'eurent aucun succès auprès de la commission supérieure et surtout auprès du conseil municipal de Paris, qui tenait à garder les profits que ces fêtes quasi décennales procurent à la caisse de l'octroi. Cette douane généreuse avait recueilli, en 1889, une somme ronde de loi millions. La part contributive de la Ville, dans les dépenses pour 1900, était à ce prix : il fallait rester dans l'enceinte, on y resta. Mais des objections s'élevèrent. Le cadre de l'ancienne exposition était bien usé ; il avait déjà servi trois fois et s'était toujours trouvé trop étroit. On avait dû adjoindre au Champ-de-Mars les allées du quai d'Orsay, puis l'Esplanade des Invalides ; que pourrait-on y ajouter de plus ?

Il partit alors un cri de joie et d'espérance qui venait des hauteurs de Passy. « Que cherchez-vous pour y étendre vos constructions et vos jardins ? Vous avez auprès de vous la plaine de Grenelle. Vous pouvez doubler, tripler, quadrupler même les 40 hectares de votre Champ-de-Mars. Les terrains n'y ont pas grande valeur ; ils sont hérissés d'usines à hautes cheminées, dont la fumée, sous le vent d'Ouest, se répand sur les plus beaux quartiers de Paris et porte, jusqu'au Louvre, ses molécules fuligineuses. Jetez bas tous ces foyers malsains qui cachent une des plus belles vues de Paris, la vue sur les bois de Meudon, jusqu'à Sèvres d'un côté, et de l'autre jusqu'à Sceaux et Fontenay-aux-Roses ; poussez-les hors de l'enceinte où elles auront plus d'espace et de moindres dépenses, et profilez de la circonstance pour donner à la ville, des hauteurs de Passy, un spectacle dont Naples serait jalouse. Sous la garantie du gouvernement vous trouverez aisément les fonds nécessaires et, si la Ville entreprenait elle-même l'opération, elle réaliserait par la revente des terrains après l'exposition un bénéfice considérable. »

Le cri ne fut pas entendu : on chercha ailleurs des espaces inoccupés. On crut les avoir trouvés en ajoutant aux terrains de 1880, — Champ-de-Mars, Trocadéro, quai d'Orsay, Esplanade des

Invalides, — une partie de la rive droite, le quai de la Conférence, le Gours-la-Reine et cette portion du côté gauche des Champs-Elysées où s'élève l'indigeste bâtisse appelée, par dérision sans doute, « Palais des Beaux-Arts. » Le programme permettait de le démolir. Une pensée d'économie conseille de le conserver : il est si utile ! Il abrite successivement des animaux gras, des chevaux maigres, des objets d'art, peinture et sculpture, et se change à l'occasion en « vélodrome » pour les « bicyclistes ». C'est le caméléon des monuments. Sa laideur n'est dépassée que par sa mauvaise distribution intérieure. La moitié de l'espace qu'il occupe est perdue dans l'obscurité de son rez-de-chaussée. Il a de plus un défaut capital : il s'écroule. Bâti pour durer dix à douze ans, en voilà quarante qu'il offusque le regard. Ce n'est pas que ses murailles ne soient solides : elles tiennent debout ; mais ses planchers sont disjoints, ses pavages sont usés ; les marches de ses escaliers ont été déjà tant de fois raccommodées qu'il faudrait les refaire en entier ; enfin la ferraille dont sont faites ses charpentes et sa grande nef devrait être entièrement remplacée. Calculez la dépense : elle ne sera guère moindre que celle à laquelle s'élèverait une construction nouvelle, d'un meilleur plan et d'un meilleur aspect. Telle a été la pensée d'un assez grand nombre de concurrents.

Les terrains affectés à l'Exposition du XXe siècle sont bien connus de tous ceux qui se sont occupés de cette question. Pour les autres nous venons d'en indiquer approximativement le périmètre. Il nous suffira d'ajouter que le quai de Billy jusqu'au Trocadéro est compris dans le tracé et que l'on a précieusement réservé le pavillon de l'Horloge, le restaurant Ledoyen et le Palais de glace, ancien Panorama. On les a jugés dignes de figurer à la fin du siècle, mais en dehors de l'Exposition. Ils occupent des espaces que l'on pourrait beaucoup mieux utiliser. A la dernière heure on s'apercevra qu'on aurait dû les sacrifier. Ce que le programme a formellement interdit aux concurrents, c'est la destruction de tout ce qui reste de beaux arbres dans les Champs-Elysées. Ils sont d'ailleurs devenus si rares qu'il sera facile de bâtir sans en abattre un seul. Pourtant l'opinion s'est émue de cette mainmise sur la belle promenade, et le Conseil municipal lui-même a retenti de doléances qui heureusement n'avaient aucun fondement. Il suffisait d'avoir lu le programme et jeté un regard sur le plan qui l'accompagnait pour savoir que les ombrages n'étaient pas menacés. Le programme pèche au contraire par une réserve excessive. On eût applaudi à la démolition des deux pavillons pseudo-grecs où l'architecte Hittorff a tenté d'inoculer aux Parisiens l'amour des cariatides de l'Erechtéion et des frises coloriées d'Egine. Ces constructions en plâtre offensent le goût par les développements en fer que les besoins culinaires et chansonniers y ont ajoutés. Nous entretenons l'espoir qu'ils disparaîtront à l'heure dite où l'espace manquera. Si l'on voulait interdire les Champs-Elysées aux bâtiments de l'Exposition prochaine, il ne fallait pas la mettre dans Paris.

Une fois la plaine de Grenelle laissée à ses cheminées, je ne vois pas de quel côté on aurait pu s'étendre pour obtenir les espaces dont on avait besoin. Seuls les Champs-Elysées et le Cours-la-Reine étaient à peu près disponibles. On peut croire que le commissaire général, la commission supérieure et le ministre n'ont mis le pied sur ces terrains détachés que sous la pression de la nécessité. Il n'est pas admissible que le tracé du plan général leur ait à aucun moment paru un idéal. Le décousu des parties principales, leur éloignement les unes des autres, l'obligation de les réunir au moyen de voies de communication rapide, devaient enfanter une foule de difficultés et de lourdes dépenses. Combien il eût mieux valu s'épanouir sur une aire unique et vaste comme le parc de Saint-Cloud, que sur des tranches isolées comme le Cours-la-Reine, les Champs-Elysées, le Champ-de-Mars et le Trocadéro ! On aura beau établir des rails et faire circuler des locomotives, les visiteurs n'en auront pas moins des dizaines de kilomètres à parcourir pour entrevoir en passant les merveilles offertes à leur curiosité.

Il serait difficile d'imaginer un champ clos plus mal disposé pour la grande bataille industrielle qui doit résumer et condenser dans son enceinte tout le travail intellectuel et matériel de notre siècle. La dispersion des différentes parties, la nécessité de les relier entre elles, le défaut de parallélisme dans les axes des espaces réguliers, ont compliqué le problème. Ces défauts n'ont échappé à personne, et moins qu'à tout autre à ceux qui avaient accepté la lourde tâche de rendre une apparence d'unité à ces membres dispersés d'un si vaste corps. Ce sera un grand honneur pour eux s'ils y réussissent. A ces défauts qui interdisent une classification logique des produits exposés, on peut opposer pourtant quelques bonnes dispositions et par-dessus tout l'heureuse idée de livrer à l'imagination des artistes les deux rives de la Seine, pour y établir des constructions diverses et y développer des « ensembles » décoratifs. Il peut sortir de là un spectacle très intéressant et même très beau.

Une autre occasion est offerte de donner satisfaction aux hommes de goût et aux besoins de la circulation. Depuis quelques années le quartier des Invalides s'est beaucoup développé. Des rues, des boulevards autrefois peu fréquentés se sont peuplés de belles maisons, de riches hôtels et, entre le pont de la Concorde et le pont très étroit des Invalides, il n'existe pas de voie entre les deux rives. Le programme imposait aux concurrents la construction d'un pont très large pour réunir l'Esplanade des Invalides aux Champs-Elysées. Ce pont, qui subsisterait après l'Exposition, n'a pas manqué d'attirer l'attention des concurrents, une attention parfois exagérée. Plusieurs en ont fait le pivot de leurs dessins, sans égard pour la vue du fleuve et du paysage qu'ils masquaient ou déshonoraient. Le programme a nettement indiqué l'endroit de l'Esplanade où le pont serait placé, « en face de l'hôtel des Invalides ». Il a paru à plusieurs des concurrents que le lieu était mal choisi, et par là ils se sont mis d'eux-mêmes hors la loi. Pourtant la question est discutable. Nous avons déjà le pont des Invalides qui unit l'avenue d'Antin, rive droite, à l'avenue Latour-Maubourg, rive gauche. Si l'on construit un pont dans l'axe de l'hôtel des Invalides, il sera bien proche du précédent et bien éloigné du pont de la Concorde, il aidera peu à la communication entre les deux rives, il ne sera véritablement utile que pendant l'Exposition. Cependant la rue de Constantine qui longe les bureaux du Ministère des affaires étrangères est une voie de passage très importante et elle va devenir le débouché actif d'une gare de départ pour le chemin de fer de l'Ouest. Qui ne voit que l'ouverture prochaine de cette gare de la rue de Constantine va nécessiter la construction d'un pont dans son axe pour ne pas encombrer le pont de la Concorde, théâtre avant l'heure d'une circulation considérable ? Il semble dès lors que le pont définitif placé à égale distance des deux ponts existants en amont et en aval aurait dû être indiqué par le programme devant la rue de Constantine et non « en face de l'hôtel des Invalides. »

Le rédacteur du programme a obéi à une préoccupation qui a sa raison et son germe dans une pensée très juste et très digne d'intérêt :

Rendre à la grande avenue des Champs-Elysées la perspective du royal monument bâti par Libéral Bruant et complété par Jules Hardouin Mansard. La pensée était si naturelle et si juste qu'elle a séduit une dizaine de concurrents et les a conduits tout droit à cette conséquence, suffisamment indiquée par le programme, de jeter bas le palais des Beaux-Arts et de le remplacer par une large percée qui serait bordée d'édifices non moins grands, mais mieux disposés. Le pont n'était pas nécessaire pour rétablir cette perspective ancienne. Un pont pris dans son axe longitudinal n'est guère visible à distance ; la vue franchit la rivière sans point d'appui. Il eût donc mieux valu appuyer le pont définitif au débouché de la rue de Constantine, et ne demander, « en face de l'hôtel des Invalides », qu'une large passerelle en fer pour les piétons et d'une seule volée. On aurait ainsi coupé les ailes à certaines imaginations échauffées qui nous ont construit, heureusement sur le papier seulement, des édifices prodigieux, des palais, des coupoles, des théâtres dont le moindre défaut était de gâter le paysage.

Cette préoccupation évidente de la commission supérieure et du commissaire général de rendre à la grande avenue des Champs-Elysées la perspective des Invalides que lui ménageait autrefois l'espace vide du carré Marigny, n'a pas été la seule qui ait percé dans la rédaction du programme. L'article 6 a mis en campagne les cerveaux ingénieux. Il était ainsi rédigé : « Toute liberté est laissée aux concurrents eu ce qui concerne les monuments actuels, situés dans le périmètre de l'Exposition. Ils pourront proposer la conservation, la modification ou la démolition de tout ou partie de ces monuments, y compris la Tour de 300 mètres. » Tout aussitôt il était ajouté : « Par exception, le Palais du Trocadéro devra être intégralement maintenu et ne sera susceptible d'autre transformation essentielle que celle d'un agrandissement du côté du parc, s'il y a lieu. » Cette prédilection pour un édifice, dont une partie au moins, le bâtiment central, viole lourdement les lois fondamentales de l'architecture par une disproportion marquée entre ses lignes et les colonnades latérales, cette précaution prise de l'abriter contre les entreprises géniales des concurrents et de le conserver avec tous ses défauts, rapprochée des termes assez nets d'une condamnation de tous les monuments actuels, *sans en excepter* la Tour de 300 mètres, a paru, à beaucoup de concurrents, et à nous également, dévoiler une pensée secrète de l'administration, qui semblait être de faire table rase de tous les édifices restés debout au Champ-de-Mars, depuis la dernière Exposition, c'est-à-dire la galerie de 115 mètres, œuvre de M. Dutert, la galerie de 30 mètres avec sa coupole initiale, œuvre de M. Bouvard, les deux palais latéraux, dits « des Beaux-Arts » et des Arts-Libéraux, élevés par M. Formigé, « sans en excepter la Tour de 300 mètres, » ouvrage plus inutile que beau, mais assurément le plus curieux de son espèce. L'article 6 fut si généralement compris dans le sens d'une destruction complète que l'opinion s'en préoccupa. L'un fit valoir l'économie qui résulterait de leur conservation, l'autre s'indigna de ce qu'il appelait un gaspillage, un troisième exprimait la crainte qu'on ne mît, à la place des bâtiments abattus, des édifices moins bien conçus et d'une plus médiocre architecture. La galerie de 115 mètres, qui avait mieux résisté aux critiques, était réclamée comme un effort très réussi d'une intelligence ouverte aux progrès de la science et à l'application du fer à la couverture des grandes surfaces sans points d'appui intermédiaires. Quant à la Tour, eu horreur à tous les artistes, on admettait qu'après s'être habitué à sa grêle silhouette, on la verrait disparaître avec regret. Puis on faisait valoir la grosso indemnité qu'il faudrait payer si l'on démolissait, avant l'échéance du contrat, ce *clou* colossal planté la pointe en l'air.

Il paraît que les artistes, et nous avec eux, nous nous étions trompés sur les intentions du commissariat général. Nous avions interprété trop à la lettre l'article 6 du programme. Une note officieuse ramena nos esprits égarés à une plus large interprétation du texte. Il fut dit que le commissariat général n'avait pas les intentions destructives que nous lui supposions et qu'il avait entendu seulement prévenir les concurrents que, s'il se rencontrait parmi eux un Michel-Ange, on lui donnerait licence de démolir les murs que les Bramante, les Serlio et les San Gallo de 1889 avaient bâtis. Je n'oserais dire que Michel-Ange se soit présenté au concours, mais je suis assuré qu'il ne sera rien détruit au Champ-de-Mars, de ce qui pourra utilement servir.

L'Exposition nouvelle a besoin d'espaces beaucoup plus considérables que les précédentes. On a pu remarquer que ces réunions de produits et d'objets d'art se sont accrues parfois du simple au double de l'une à l'autre. Les deux dernières avaient admis dans leur sein des éléments étrangers en si grand nombre que le périmètre tracé s'est trouvé trop étroit pour les loger. Cette fois encore l'ambition est si grande d'y introduire l'image complète du XIXe siècle, d'en faire le spectacle le plus animé de ses dernières années, d'attirer à Paris toutes choses et toutes personnes, que l'espace manquera encore. On reportera à Vincennes certaines fêtes athlétiques qui doivent relier les olympiades modernes aux olympiades antiques ; mais où mettra-t-on tant d'autres divertissements nécessaires à des populations qui veulent s'amuser ? Ne sera-t-on pas conduit à envahir la droite des Champs-Elysées et le Jardin des Tuileries lui-même ?

Le programme a déterminé avec précision les espaces dont chaque industrie a besoin : 12 000 mètres à l'éducation et à l'enseignement, cinq hectares aux œuvres d'art ; c'est la plus large place qui soit faite à un groupe. On y ajoute 2 hectares pour les instruments et procédés généraux des lettres, des sciences et des arts. Dans ce groupe est comprise l'imprimerie, et une classe nouvelle y est adjointe pour le matériel théâtral. Le matériel et les procédés généraux de la mécanique occuperont 29 000 mètres. On peut s'étonner qu'ils n'en exigent pas davantage, mais la classification générale on détache plus d'un élément pour le rapprocher des produits qui en sortent. C'est le génie civil et les moyens de transport (44 000 mètres), qui viennent après les œuvres d'art et les fils, tissus, vêtements (45 000 mètres). L'agriculture n'en exige que 34 000 et le mobilier 38 000. L'alimentation en réclame 17 000, et la chimie 15 000. Pourvu qu'elles ne confondent pas leurs produits ! Un groupe nouveau a été créé pour l'électricité. Il en est de même pour « l'œuvre morale et matérielle de colonisation ». Une Exposition centennale complétera les diverses sections et sera distribuée de façon à ne plus échapper comme en 1889 au regard des visiteurs. Ce sera une sorte de petit musée servant de vestibule à chaque groupe et autant que possible à chaque classe. Il y aura on tout 18 groupes divisés en 120 classes qui à leur tour comprendront autant de sections que la nature des choses en indiquera. Le commissariat compte sur l'Exposition centennale des beaux-arts et des arts décoratifs pour ajouter un grand attrait, — nous voudrions dire un sérieux enseignement, — à la grande fête du nouveau siècle. Il laisse entrevoir d'autres desseins qu'il formulera plus tard quand il aura pris le temps de les étudier. Ses classifications semblent sages, ce que l'expérience confirmera ou infirmera bientôt. Ses intentions sont bonnes si elles demeurent dans l'exécution à un niveau plus élevé qu'en 1889. On peut craindre néanmoins que la dispersion en petits musées-vestibules des objets qui constituent l'histoire de chaque branche de l'art et de l'industrie ne diminue singulièrement l'intérêt sérieux qu'il convient d'y attacher. Le visiteur vulgaire passera devant eux distrait, indifférent, sans rien y comprendre ; l'érudit, le savant fuira ces foules mobiles qui le troubleront dans son attention et dans ses recherches. En général la classification nouvelle, supérieure peut-être aux anciennes, paraît avoir emprunté h la tactique des armées modernes son ordre dispersé. N'était-ce pas assez qu'elle fût contrainte à l'adopter en grande partie par la découpure en six morceaux distincts de l'aire attribuée à l'Exposition, sans qu'il fût besoin d'en exagérer les inconvénients ? Il y a lieu de penser qu'à l'épreuve les esprits distingués qui sont chargés de préparer les fastes de 1900 tiendront compte d'une observation qui n'est pas sans mériter leur attention.

Le règlement a exigé des concurrents une surface couverte de 392 000 mètres carrés, sans y comprendre les expositions spéciales de la colonisation et des armées de terre et de mer : ces deux groupes occuperont sans doute des surfaces considérables. Le programme n'a fait que les indiquer pour mémoire afin que les concurrents en tinssent compte. La Marine n'entretient sans doute pas la prétention d'amener devant le Champ-de-Mars un de ses vaisseaux cuirassés : elle se contentera de modèles et de ses plus beaux canons. La Guerre sera plus exigeante ; mais, ne pouvant nous montrer un fort moderne, elle tiendra à honneur d'édifier quelque part une forteresse ancienne, ce qui est un travail superflu. Quelques concurrents n'ont pas manqué de devancer l'intention. Nous avons peine à comprendre que la guerre et la marine militaire puissent prendre une part sérieuse à une fête si parfaitement civile. L'une et l'autre ne peuvent y participer qu'au titre historique, et nous nous demandons alors de quelle utilité sont les peines qu'elles y prendront et les dépenses qu'elles occasionneront. Il en va autrement de la colonisation. A en juger par 1889, ses exigences seront grandes en 1900. Si le groupe XVII peut inspirer à nos compatriotes le désir d'aller tenter fortune dans nos colonies, il faudra le remercier de ses efforts persuasifs et ne lui disputer ni l'espace ni l'argent.

En dehors des services principaux et accessoires pour lesquels le programme imposait des mesures fixes, il en existait d'autres auxquels les concurrents étaient invités à penser : des salles de fêtes et de distribution de récompenses ; un édifice pour les congrès, — il paraît qu'il y en aura beaucoup, — et un bâtiment pour l'administration, tous deux en bordure de l'emplacement, de manière à présenter une entrée directe de l'extérieur et une communication avec l'intérieur de l'enceinte ; les jonctions entre les deux rives, c'est-à-dire, outre le nouveau pont, les passerelles pour les piétons, — un des concurrents en a indiqué cinq ; — la distribution des parcs, jardins et autres motifs de décoration ; les moyens de transport mécaniques ; les entrées de l'Exposition avec les espaces nécessaires à la circulation et au stationnement des voitures ; les dispositions en vue de maintenir la circulation générale du quartier et de ménager le passage des voies publiques au dehors et au travers de l'enceinte. Enfin, et ce n'était pas la plus petite difficulté du plan général, on demandait aux concurrents de réserver des espaces suffi sans pour les pavillons des pays de protectorat, des nations étrangères, pour les bâtiments spéciaux d'expositions particulières, pour les abris de générateurs et les stations d'électricité, pour les salles de spectacle, pour les restaurants et les cafés, bref pour le monde entier, pour la satisfaction de tous ses besoins et l'agrément de toutes ses journées. Cinquante mille francs étaient affectés à indemniser 18 concurrents de leurs débours et de leur temps. Leur talent n'entrait en ligne de compte que pour la gloire. Le chiffre était maigre pour le grand et difficile effort qu'on leur demandait. Mais telle est chez nos artistes le détachement des choses de la terre qu'il s'en trouva 670 qui se firent inscrire. Il est vrai qu'au dernier jour du concours, il ne s'est plus trouvé que 108 exposants effectifs et 4 mis hors concours pour causes diverses. Ces 108 exposants ont, en tenant compte de leurs variantes, fourni 110 projets. Je n'étonnerai personne en disant que pas un ne réalisait toutes les conditions d'un programme beaucoup trop touffu pour qu'il pût être étudié en quatre mois. La commission supérieure, les commissions particulières, le commissaire général, M. Picard, entouré d'un état-major d'hommes distingués, judicieusement choisis, toutes forces intellectuelles et pratiques réunies, avaient travaillé pendant plus de deux ans pour préparer les éléments de ce concours ; — et, pour tracer les plans d'une si vaste opération en y ajoutant des devis sommaires, on n'accordait aux artistes que cent vingt jours ! C'était trop peu ; malgré cela il est sorti de cette élaboration pressée et désintéressée un ensemble considérable de travail, d'idées, de combinaisons ingénieuses qui ont fait de ce concours le plus remarquable que l'on ait jamais vu.

Le jury qui devait juger les projets était composé de 31 membres : le ministre du commerce, le commissaire général de l'exposition, le directeur général de l'exploitation, le directeur général adjoint, le directeur des services de la voirie, des parcs et jardins, des eaux et de l'éclairage ; le directeur des services d'architecture M. Bouvard, le directeur des finances, le secrétaire général de l'Exposition, le directeur des Beaux-Arts, le directeur des bâtiments civils ; le directeur de l'agriculture, dix membres nommés par le ministre, parmi eux des sénateurs, des députés connus par leur goût, et trois architectes renommés ; enfin dix membres élus par les concurrents. Il se trouva que ces dix membres étaient tous architectes et professeurs à l'Ecole des Beaux-Arts. L'architecture était donc largement représentée dans le jury ainsi composé ; on peut affirmer qu'elle y a joué un rôle prépondérant. Si ses décisions ont pu être en quelque point entachées d'erreur, ce n'était certes pas faute de lumières ni encore moins faute d'indépendance et de conscience. Peut-être ont-elles, au contraire, subi trop vivement l'influence du goût dominant chez nos architectes modernes. Le jury est allé là où les artistes eux-mêmes le conduisaient. Les dix-huit primes, sans que le classement puisse marquer un degré de supériorité ni d'infériorité et qui est simplement (alphabétique, ont été distribuées de la manière suivante : les trois primes de 6 000 francs à MM. Girault, E. Hénard et Paulin ; les quatre primes de 4 000 francs à MM. Cassien Bernard et G. Cousin, Gautier, Larché-Nachon, et Raulin ; les cinq primes de 2 000 francs à MM. Blavette, Esquié, Sortais, Toudoire et Pradelle, Tronchet et Rey ; enfin les six primes de 1 000 francs à MM. Bonnier, J. Hermant, Louvet, Masson-Detourbet, Mewes, Thomas et Tavernier. Une remarque bonne à faire c'est que tous les lauréats sont des élèves sortis de l'Ecole des Beaux-Arts et que, parmi les 108 concurrents, 71, de ceux qui ont dit leur nom, ont la même origine.

Section II

Pas un des concurrents n'avait résolu en tous points le problème compliqué qui leur était proposé. Le fait était prévu. Le programme avait averti les intéressés que tout projet primé appartiendrait à l'Etat et que le commissariat aurait le droit d'y puiser à sa convenance tout ce qui lui paraîtrait utile aux tracés définitifs.

Il allait plus loin, il se réservait « la liberté la plus complète pour l'examen et la solution de toutes les questions relatives soit à l'établissement du projet définitif, soit à la direction et à l'exécution des travaux. » Pour parler clair, l'administration prenait le droit de puiser à son aise dans les projets primés, d'en amalgamer les éléments, de les fondre, de les corriger et aussi de les dénaturer, de les rendre méconnaissables, et cela sans que les auteurs pussent y faire obstacle, sans qu'ils fussent admis à donner leur avis, sans qu'ils aient plus tard à s'immiscer à un degré quelconque dans l'exécution ni dans l'interprétation de leurs idées. Ces réserves qui ont pu paraître excessives aux artistes, n'étaient peut-être pas inutiles. Les droits conférés aux auteurs des plans adoptés pouvaient très bien ne rencontrer qu'un savoir insuffisant chez le constructeur. De là, des tiraillements, des luttes d'amour-propre, des accidents qui se sont produits dans la dernière Exposition. Nous estimons que l'administration a eu raison de se réserver un droit et une autorité dont elle usera d'ailleurs avec loyauté et bienveillance. Nous avons la conviction qu'elle n'expulsera pas du domaine dont il a conçu les grandes lignes et indiqué les reliefs l'architecte reconnu capable de les transporter du papier sur le terrain.

Il ne faut pas se dissimuler toutefois que cette latitude conférée à l'administration lui impose une responsabilité compliquée et redoutable. Elle va faire un choix dans les dix-huit projets primés des pièces remarquables qui ont commandé les décisions du jury. Peut-être lui sera-t-il assez difficile de décider si la coupole de M. Eug. Hénard, titulaire d'une première prime, doit l'emporter sur la coupole de 100 mètres de MM. Cassien-Bernard et G. Cousin, titulaires d'une deuxième prime, si les constructions variées de

M. Girault, première prime, doivent être préférées aux bâtiments réguliers et de plus noble aspect que M. J. Hermant, quatrième prime, veut élever sur les deux rives de la Seine ; si le palais du roi de Siam, imaginé par M. Gautier, deuxième prime, est préférable à la Tour de 300 mètres, que plusieurs concurrents primés proposent de faire disparaître ; s'il convient de découper cette Tour en étages ou de la décorer de flèches et de pinacles, ainsi que le voudrait maint lauréat. Toutes ces questions embarrasseront singulièrement la commission, et si son siège n'est pas fait à l'avance, elle aura peine à se tirer d'affaire sans blesser les lois de l'harmonie et de l'unité. Moins que tout autre genre de spectacle, une Exposition « universelle et internationale, » où le fer se plie à tous les caprices d'une construction légère et provisoire, oblige l'artiste ou le savant ingénieur à se maintenir strictement dans les règles absolues du beau ; le pittoresque lui suffit. Encore ne faudrait-il pas que l'œuvre ressemblât trop à un habit d'arlequin.

Un embarras plus grand surgira quand il faudra relier les Champs-Elysées aux Invalides. Ici il ne s'agit plus de bâtir pour sept mois, il faudra songer à bâtir pour des siècles. Le pont, qu'on le mette en amont ou en aval, sera conservé après l'Exposition. Il faudra donc le construire solidement, au niveau des voies adjacentes, sans ornements superflus, sans qu'il puisse, en aucun cas, dérober au regard ni la rivière ni le double paysage de la vallée. Son axe devra être la prolongation de l'axe longitudinal de l'Esplanade ; il coupera donc la Seine en biais, très légèrement. Mais au-delà, cet axe s'arrêtera-t-il à ces bâtiments parallèles à la Seine que propose M. Hénard ? Dessinera-t-il un angle que MM. Cassien-Bernard et G. Cousin veulent couper par une fontaine monumentale et limiter par une colonnade en hémicycle ; que d'autres cherchent à briser, sans qu'il y paraisse trop, en ajoutant à l'édifice actuel des galeries circulaires, des rotondes, des coupoles, des clochers de toute sorte, palliatifs insuffisants, dispositions vicieuses, incommodes pour les expositions de tableaux et qui ne rendraient pas à la Grande Avenue cette belle perspective des Invalides que les hommes de goût regrettent ? Le plan de M. Hénard la lui rendrait peut-être après la fête : pourquoi n'en ferait-on pas un de ses principaux ornements ? Le palais des Beaux-Arts doit disparaître. Il semble bien que l'édifice actuel ne puisse longtemps résister aux forces qui l'assiègent. Il succombera sous la réprobation publique, s'il ne s'écroule pas sous l'effort du temps combiné avec la décomposition des matériaux. L'espace vide rendra à la vue la perspective aujourd'hui cachée. Rétablira-t-on le carré Marigny, tel qu'il existait autrefois ? Cela est douteux. On saisira l'occasion de construire sur une meilleure base ce palais des Beaux-Arts qui manquera, après démolition, aux artistes vivants ; on bâtira ou on laissera bâtir un édifice distinct, mais voisin, pour les arts décoratifs. Si l'on sait bien s'y prendre, on en trouvera aisément la place à droite et à gauche de la percée sans qu'il soit nécessaire de déraciner aucun arbre précieux. Les arbres sont aussi des monuments, et ils imposent le respect au même titre que l'ouvrage sorti des mains de l'homme. L'Administration aura à se prononcer sur le rétablissement de la perspective et sur la construction des deux édifices. Dans lequel des projets primés ira-t-elle chercher la solution du double problème ? A peine en pourrait-elle découvrir l'intention dans les plans de M. Eug. Hénard. L'excellent artiste n'a pas résisté à la tentation de voiler le tableau après nous l'avoir montré. M. Esquié (3ᵉ prime) ne nous rend qu'une vue biaise ; M. Mewès (4° prime) déploie une riche imagination pour tourner la difficulté, mais sans y parvenir. Ceux qui ont le plus franchement résolu le problème, M. Defrasse, et surtout l'ingénieux auteur du numéro 102, M. Esnault-Pelterie, qui s'était caché sous la devise : *Fluctuat née mergitur*, n'ont pas été classés parmi les lauréats. Leurs plans avaient certainement de grands défauts, mais ils avaient le plus grand de tous les mérites à nos yeux, celui de mettre en bon accord pour l'avenir les deux rives de la Seine à cet endroit intéressant qui tend à devenir un nouveau centre dans la capitale. Si d'une fête passagère il est possible de tirer un sérieux avantage et un durable bénéfice, c'est à ces deux artistes qu'on le devra.

Le jury, plus préoccupé, semble-t-il, de la richesse des architectures que des dispositions géniales, plus enclin à louer les façades qu'à faire cas des plans par terre, a placé l'Administration dans une situation délicate. Ou bien on fermera, pour un temps plus long que n'a pu le faire l'édifice grossier de 1855, la perspective ménagée avec art par les auxiliaires de Colbert ; car on voudra donner aux constructions nouvelles une solidité plus grande que celle des « palais de cristal », destinés tous à disparaître sous l'action de la rouille, aidée dans son œuvre par la dilatation du fer ; ou bien on rectifiera les axes, on régularisera les percées, on se donnera la gloire d'avoir produit une œuvre bonne, utile, durable. Mais à quel titre l'Administration empruntera-t-elle à des plans qu'elle n'a pas achetés les idées originales qu'ils peuvent contenir ? Elle n'aura même pas la ressource de leur distribuer un peu d'honneur, puisqu'ils n'auront pas été appelés à la peine.

Personne n'imaginait que tant de bons esprits et d'hommes de talent se mettraient en campagne pour une fin aléatoire, et en quelque sorte inaccessible. Comme à l'occasion de tous les concours, le bruit courait dans les ateliers que l'Administration avait ses plans préconçus et ses choix arrêtés. Nous ne saurions attacher à ces rumeurs un sens injurieux. Il est certain qu'une administration qui, à la veille d'une si grande entreprise, s'y engagerait témérairement, sans savoir ce qu'elle veut, sans voir où elle va, serait une administration au-dessous de sa tâche et qu'il faudrait casser aux gages. Le Commissariat et l'Administration savent où ils tendent. Je ne crois pas me tromper en disant qu'à leur sens toute la nouveauté pour 1900 doit se manifester sur les rives de la Seine et sur les Champs-Elysées.

Au Trocadéro on voudrait ne rien changer ; le décor a de la beauté. Le Champ-de-Mars a déjà beaucoup servi. Il serait téméraire d'y renouveler « la rue du Caire. » La sagesse et l'économie sont d'accord pour commander que tous les anciens bâtiments encore debout soient conservés. La charge, confiée à M. Bouvard, de directeur des services d'architecture indique que tel est le désir de l'administration. M. Bouvard a pris une large part aux travaux de la dernière exposition. C'est lui qui a élevé la galerie de 30 mètres et le dôme qui en couronne l'entrée. La ligne élégante de ce dôme est malheureusement brisée par des ornements saillants qui ne sont imposés ni par le goût ni par le besoin. Ces rugosités rompent la ligne et sont en contradiction avec la nature des choses. Un dôme est un toit arrondi. Si vous y pratiquez des reliefs saillants, vous contrariez l'écoulement de l'eau ; il se forme des retenues ; vous n'avez plus un toit, mais une sorte d'encrier colossal qui, réduit à sa juste mesure, figurerait assez bien dans les concours ouverts par les magasins de nouveautés.

Lorsque Mansard Hardouin construit le dôme des Invalides, il tourne ses regards vers Rome et vers Florence. Il est préoccupé de cette idée de ne copier ni Brunelleschi, ni Bramante, ni Michel-Ange. Il partira des mêmes principes, mais son œuvre sera différente ; sa coupole sera plus élancée qu'à Saint-Pierre et moins aiguë qu'à Sainte-Marie-des-Fleurs. Il lui fera épouser une courbe nouvelle très gracieuse, très élégante, et pour que l'effet soit tout à fait neuf, il en fera jaillir des trophées militaires, avertissement ingénieux et logique de la destination du monument. Il n'oubliera pas que son dôme est un toit, que, si ses reliefs sont épais et saillants, ils contrarieront sa fonction principale ; aussi ne leur donnera-t-il sous le marteau du plombier que quelques lignes d'épaisseur. Mais un si faible relief, à cette hauteur, échappera au regard. Il les fera briller au soleil, il les fera dorer. Il donnera un rayonnement glorieux à cet asile des vieux soldats. Rarement pensée plus belle, application plus juste de l'art à l'expression du symbole, sortit du cerveau humain. Le dôme des Invalides est un ouvrage de suprême bon sens, sinon la marque du génie.

Averti par la critique, M. Bouvard ne sera pas pressé de renchérir sur lui-même. Il gardera sa coupole telle qu'elle est, mais il n'en laissera plus bâtir de pareilles. Il s'appliquera donc aussi à conserver les deux bâtiments parallèles édifiés par son collègue, M. Formigé. Si le nom de palais paraît pour eux trop ambitieux, qu'on le change en modifiant leur destination. Il restera entre eux et la galerie de 115 mètres assez d'espace pour abriter tous les échantillons de l'industrie française et les instruments qui leur donnent naissance. La galerie de 115 mètres ne peut à son tour être mieux employée qu'au travail des grandes machines ; il serait fâcheux de priver la génération nouvelle, qui n'a pas vu l'Exposition de 1889, d'un si bel essai d'architecture métallique. Enfin nous avons dit pourquoi la Tour de 300 mètres doit rester debout. Qu'on se garde surtout d'y ajouter des fioritures. Si ce long squelette de fer, auquel l'œil artiste du Parisien s'est avec le temps habitué, peut faire pardonner sa maigreur, c'est en conservant intacte et sans la moindre interruption sa ligne de pyramide courbe. Coupez cette ligne par des ornements, par des saillies, vous détruirez son effet ascensionnel et le ferez rentrer dans l'ordre des choses banales. Plusieurs n'y ont pas manqué. Il en est un qui l'a habillée de pied en cap comme un soldat japonais des vieux temps ; un autre l'a enveloppée dans une coupole élancée deux fois haute comme le dôme des Invalides. Un artiste, ennemi de son aspect de toile d'araignée, a rempli tous les vides, afin sans doute de donner prise à l'ouragan et de précipiter sa chute. Le plus respectueux de ses formes primitives a dessiné sous le toit du premier étage une immense fontaine qui verserait ses eaux par les quatre ouvertures du socle ; l'effet aurait de la grandeur. Un esprit moins ambitieux et plus pratique a voulu tirer parti d'un édifice dont l'utilité est au moins douteuse. Autour de la base il a proposé de bâtir quatre maisons hautes, à la manière américaine, de douze à quinze étages, munies d'ascenseurs et pouvant abriter trois à quatre mille voyageurs. Il intitule très exactement cette bâtisse « Hôtel Colossal ». New-York et Chicago nous envieraient l'invention. Cette fois nous aurions vaincu les Américains, mais la victoire coûterait cher au génie français.

Le point sur lequel il semble que l'administration veuille reporter en grande partie l'intérêt de la fête, c'est la Seine. On ne saurait qu'y applaudir. La Seine est le plus bel ornement de Paris. Si elle n'a plus les eaux pures et salubres que Julien, césar dans les Gaules, se plaisait à vanter dans son *Misopogon*, elle est restée l'artère principale de la grande ville et, à certaines heures, quand elle flamboie sous les rayons du soleil couchant, elle tient un langage éloquent aux imaginations et aux âmes poétiques. Aussi les concurrents ont-ils presque tous appuyé dans leurs dessins sur l'attrait que l'on pourrait tirer des deux rives. Il a été indiqué des « motifs de décoration, » pour parler le langage des ateliers, qui éblouiraient la foule et transporteraient les esprits rêveurs dans les plus beaux pays du monde. L'idée la plus digne d'attention est celle qui ferait figurer au bord de notre Grand Canal un fragment de la ville de Venise. Plusieurs de ses plus beaux édifices viendraient se mirer dans les eaux de la Seine. A comparer leur limpidité à celle des canaux vénitiens, ils ne s'y trouveraient pas trop dépaysés. MM. Marcel et Galolti, et M. G. Rives, auteurs de ces projets, n'ont pas à craindre que l'administration les leur dérobe. En réalité ce genre d'idées n'appartient à personne parce qu'il est à tout le monde.

Ce qui est bien du domaine privé de quelques concurrents ce sont les idées singulières, parfois étranges, qu'a fait naître le dessein de livrer la Seine et ses bords à l'esprit d'invention. Le « large pont » commandé pour relier l'esplanade des Invalides, les constructions permises sur ce pont et en encorbellement sur la Seine, le long des quais, ont jeté les imaginations hors des voies battues. On ne peut guère s'étonner que tel concurrent dont la correction habituelle est connue et hautement appréciée, M. J. Hermant, pour n'en citer qu'un seul, ait pris la balle au bond et transformé le pont en entrée triomphale, en place publique, ouverte au centre sur la rivière et aboutissant à un palais féerique comme on n'en voit guère que dans les théâtres ; qu'il ait développé le long des quais une double ligne de monuments dont la construction nécessiterait une dépense de plusieurs dizaines de millions. On ne peut même pas reprocher à MM. B. Leroux et Bitner d'avoir porté les appuis des encorbellements permis au milieu de la rivière et d'en avoir fait une île très peuplée de palais ; ni à M. Saladin d'avoir couvert une partie de la Seine devant les Invalides, pour y réunir les produits de tous les arts ; ni à M. Contant Bernard de l'avoir complètement ensevelie sous deux ponts ayant la largeur, l'un du Champ-de-Mars, l'autre de l'Esplanade, c'est-à-dire de 450 et de 212 mètres de largeur ; ni enfin à M. Balleguyer d'avoir établi sur la rivière une place de quatorze hectares. Ces exagérations se trouvaient en germe dans le programme. Il eût fallu peut-être avertir les concurrents de contenir leur talent et de ne livrer à l'administration que des idées générales. Au fond on ne leur en demandait pas davantage. Une fois l'imagination aux champs, elle a pris texte des « encorbellements » et du « large pont » pour faire la preuve d'une virtuosité incontestable, d'un penchant marqué pour les fioritures de la décoration, — et d'un art consommé dans la pratique de l'aquarelle.

Il nous a été donné, grâce à cet essor de toutes les bonnes volontés années en guerre, de lier connaissance avec toutes les formes architecturales du monde entier, sans en excepter le pays du rêve. Les rêveurs se sont appliqués à bâtir des palais pour les fées ; ils nous ont ouvert des visions sur un art imaginaire tout charpenté de fer, sur des monuments de verre ou de faïence colorée, sur des toits suspendus par des fils d'acier, sur des coupoles de toutes les formes, depuis celle du Panthéon d'Agrippa, jusqu'à celle des coupoles byzantines, pour revenir à la forme elliptique de Bramante et passer de là à la coupole pyramidale, formée d'assises successives. La Perse et l'Inde nous ont payé leur tribut aussi bien que la Lombardie et Ravenne. Le style ogival s'est donné carrière en quelques points : sous cloche s'est montré le Parthénon et en plein air l'Alhambra. Venise est sortie de ses lagunes pour nous montrer le marbre rose du Palais Ducal. Un effort de plus, on nous aurait rendu Sainte-Sophie dans son état primitif et les ruines d'Angkor d'après les dessins de M. Fournereau. Bref, c'est un échantillon de l'art de bâtir en tout temps et en tous lieux que cent huit architectes français ont fait passer sous nos yeux.

Toutes les lois naturelles de l'art ont-elles été respectées dans ce mélange un peu confus de tous les styles ? Nous avons pu remarquer un penchant dangereux vers la multiplication des petits objets, des ornements accessoires et non motivés ; une tendance au coloriage ; un oubli trop fréquent des formes simples et des proportions ; un souci médiocre des grandes lignes ; une surabondance recherchée des lignes courbes ; quoi encore ? un grave défaut : une sorte de dédain, qui pourrait devenir funeste, des modèles que nous offre la nature, un acheminement trop actif vers la confusion des genres, entre l'architecture proprement dite et ce que l'on appelle abusivement « l'art décoratif. » On s'est demandé, avec une haute raison, si l'architecture ne serait point, comme les autres arts du dessin, « un art d'imitation. » A coup sûr elle doit imiter la nature et se conformer à ses lois sous peine de ne produire que des monstruosités ou, ce qui est pire, des monuments ridicules. L'obligation première qui va s'imposer aux hommes éminents, artistes et sa vans, quand il leur faudra arrêter les lignes définitives de leur travail, en déterminer les « ensembles », en distribuer les détails, sera d'élaguer tout ce qui nuirait au paysage, tout ce qui ne serait pas d'accord avec le milieu où l'Exposition va s'agiter, tout ce qui blesserait les lignes des perspectives ou irait à l'inverse de leur développement. Ce n'est pas par des violences et des chocs, comme on l'a fait en 1889, que l'on communiquera aux fastes que l'on nous prépare un caractère d'harmonie et d'unité, bases nécessaires du beau, même dans les ouvrages de nature variée comme une exposition. Un lien esthétique entre toutes les parties dispersées et diverses, y paraît aussi nécessaire qu'un réseau de voies de communication pour en parcourir tout le périmètre. La commission des travaux voudra bien y réfléchir, et elle le fera avec d'autant plus de prudence qu'il doit rester quelque chose des constructions à élever. Il serait fâcheux de gâter un beau site et de disloquer le beau cadre de Gabriel sous prétexte de planter très haut des oriflammes et de percer les nues avec des paratonnerres. L'architecture n'est pas un art de fantaisie soumis à la mode comme la toilette des femmes. C'est un art, le plus grave de tous, aux ordres, comme les autres, de la vérité, de la nature, et par conséquent, comme il a été justement dit, un art d'imitation. Le penseur sème ainsi les idées jusque dans les champs qui ne sont pas de sa culture. Elles croissent, les manœuvres viennent et font la moisson.

ISBN : 978-1724671851